anythink

D0602452

Medir el tiempo

Estaciones del año

Tracey Steffora

Heinemann Library
Chicago, Illinois

www.heinemannraintree.com
Visit our website to find out more information about Heinemann-Raintree books.

To order:
☎ Phone 888-454-2279
💻 Visit www.heinemannraintree.com to browse our catalog and order online.

Edited by Tracey Steffora and Dan Nunn
Designed by Richard Parker
Picture research by Hannah Taylor
Originated by Capstone Global Library Ltd
Printed and bound in China by Leo Paper Products Ltd
Translation into Spanish by DoubleOPublishing Services

14 13 12 11
10 9 8 7 6 5 4 3 2 1

Library of Congress Cataloging-in-Publication Data
Steffora, Tracey.
  [Seasons of the year. Spanish]
  Estaciones del año / Tracey Steffora.
     p. cm. -- (Medir el tiempo)
  ISBN 978-1-4329-5632-5 (hardcover) -- ISBN 978-1-4329-5639-4 (pbk.)
1. Seasons--Juvenile literature. 2. Time--Juvenile literature. 3. Time measurement--Juvenile literature. I. Title.
  QB637.4.S72518 2011
  508.2--dc22
                    2011009523

Acknowledgments
We would like to thank the following for permission to reproduce photographs: Alamy Images pp. **4** (©Cultura), **15** (©RubberBall), **22 top right** (©Jon Helgason); Corbis pp. **5** (epa/Kay Nietfeld), **21** (Blend Images/Jamie Grill/JGI); istockphoto pp. **6** (©Ermin Gultenberger), **14** (©LeoGrand), **16** (©Primary Picture), **19** (©Morley Read), **22 bot** (©mammamaart), **22 top left** (©David Safanda); NASA p. **23 top**; Photolibrary pp. **10** (Comstock), **18** (Superstock); shutterstock pp. **7** (©Kai Schirmer), **8** (©Foto Yakov), **11** (©Nagel Photography), **12** (©RazvanZinica), **13** (©Shebeko), **17** (©Dennis Donohue), **20** (©Graeme Dawes), **23 bot** (oriontrail).

Front cover photographs of sunflowers reproduced with permission of Alamy Images (©David Norton Photograghy), autumn leaves reproduced with permission of Alamy Images (©Bob Handelman), frosted pine needles reproduced with permission of Alamy Images (©Christina Bollen) and tree bud reproduced with permission of Photolibrary (Mixa). Back cover photograph of a person sliding down a snowy hill reproduced with permission of istockphoto (© Ermin Gultenberger).

Every effort has been made to contact copyright holders of any material reproduced in this book. Any omissions will be rectified in subsequent printings if notice is given to the publisher.

Contenido

El tiempo y las estaciones

El tiempo es lo que dura algo.

Cosas pasan con el tiempo.

Algunas cosas toman poco tiempo.

Algunas cosas toman mucho tiempo.

Una estación dura mucho tiempo.

primavera

verano

otoño

invierno

Hay cuatro estaciones en un año.

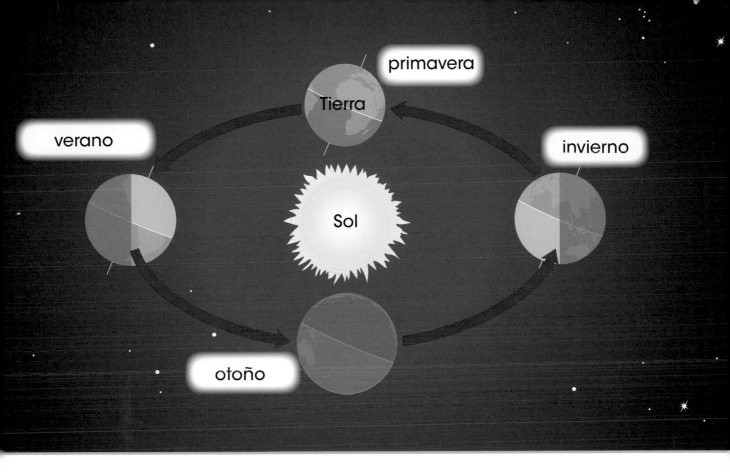

Las estaciones cambian cuando la
Tierra da vueltas alrededor del Sol.

Invierno

En el invierno sentimos el frío.

En el invierno saboreamos chocolate caliente.

En el invierno oímos el viento.

En el invierno vemos árbolos pelados.

Primavera

En la primavera sentimos más calorcito.

En la primavera oímos las aves cantar.

En la primavera vemos nuevas plantas.

En la primavera se huelen flores.

Verano

En el verano sentimos calor.

En el verano vemos el sol brillante.

En el verano saboreamos bayas frescas.
En el verano se oye el agua de
una manguera.

Otoño

En el otoño se siente aire fresco.

En el otoño se oye el crujido de hojas.

En el otoño tocamos un suéter calentito.

En el otoño vemos aves que vuelan
hacía el sur.
Vemos hojas que cambian de color.

Alrededor del mundo

Siempre hace frío en algunos lugares.

Siempre hace calor en algunos lugares.

Enero
L	M	M	T	V	S	D
01	02	03	04	05	06	07
08	09	10	11	12	13	14
15	16	17	18	19	20	21
22	23	24	25	26	27	28
29	30	31				

Febrero
L	M	M	T	V	S	D
			01	02	03	04
05	06	07	08	09	10	11
12	13	14	15	16	17	18
19	20	21	22	23	24	25
26	27	28				

Marzo
L	M	M	T	V	S	D
			01	02	03	04
05	06	07	08	09	10	11
12	13	14	15	16	17	18
19	20	21	22	23	24	25
26	27	28	29	30	31	

Abril
L	M	M	T	V	S	D
30						01
02	03	04	05	06	07	08
09	10	11	12	13	14	15
16	17	18	19	20	21	22
23	24	25	26	27	28	29

Mayo
L	M	M	T	V	S	D
	01	02	03	04	05	06
07	08	09	10	11	12	13
14	15	16	17	18	19	20
21	22	23	24	25	26	27
28	29	30	31			

Junio
L	M	M	T	V	S	D
				01	02	03
04	05	06	07	08	09	10
11	12	13	14	15	16	17
18	19	20	21	22	23	24
25	26	27	28	29	30	

Julio
L	M	M	T	V	S	D
30	31					01
02	03	04	05	06	07	08
09	10	11	12	13	14	15
16	17	18	19	20	21	22
23	24	25	26	27	28	29

Agosto
L	M	M	T	V	S	D
	01	02	03	04	05	
06	07	08	09	10	11	12
13	14	15	16	17	18	19
20	21	22	23	24	25	26
27	28	29	30	31		

Septiembre
L	M	M	T	V	S	D
					01	02
03	04	05	06	07	08	09
10	11	12	13	14	15	16
17	18	19	20	21	22	23
24	25	26	27	28	29	30

Octubre
L	M	M	T	V	S	D
01	02	03	04	05	06	07
08	09	10	11	12	13	14
15	16	17	18	19	20	21
22	23	24	25	26	27	28
29	30	31				

Noviembre
L	M	M	T	V	S	D
			01	02	03	04
05	06	07	08	09	10	11
19	20	21	22	23	24	25
26	27	28	29	30		

Diciembre
L	M	M	T	V	S	D
31					01	02
03	04	05	06	07	08	09
10	11	12	13	14	15	16
17	18	19	20	21	22	23
24	25	26	27	28	29	30

Usamos un calendario para reconocer las estaciones.

ver   oler   tocar   el gusto   oler

Usamos los sentidos para reconocer
las estaciones.

¿Cómo son las estaciones donde vives tú?

Glosario ilustrado

Sol la estrella que le da calor y luz a la Tierra; la Tierra da vueltas alrededor del Sol

Tierra el planeta donde vivimos

Índice

Nota a padres y maestros
Antes de leer
Comenten la estación actual donde viven y las características de esa estación. Anime los niños a pensar en la diferente ropa que llevarían durante estaciones distintas. Repase los cinco sentidos con los niños e inicie una conversación de las cosas que ven, oyen, huelen, tocan y sienten con el gusto cada estación.

Después de leer
- Junte imágenes que representen distintas estaciones y úselas en una actividad de clasificación.
- Le podría explicar a los niños que una temporada es como una estación: se refiere a una época específica del año que se caracteriza por un evento o actividad particular (p. ej., temporada de fresas, fútbol o alergias). Anímelos a nombrar o identificar otras temporadas que conozcan.